Lyrik-Lesung 2

Lyrik-Lesung 2

Dichterstuben
Eine Auswahl

von Helmut Barthel

im Kulturcafé Komm du
am 7. August 2013

Helmut Barthel, »Lyrik-Lesung 2«
© Helmut Barthel
Alle Rechte vorbehalten

Rechte für diese Ausgabe:
MA-Verlag, Stelle-Wittenwurth
ma-verlag@gmx.de
2. Auflage 2016

Satz, Layout und Umschlaggestaltung:
MA-Verlag
Bildnachweis: © MA-Verlag

ISBN 978-3-925718-30-4

Sozial

Der Langsamste, der sei das Maß,
der Schwächste sei die Stärke!
Als Regel wär' darauf Verlaß,
wenn ich mir dieses merke:
Wie wär' es, wenn der Schnellste siegt,
der Stärkste hätt' das Sagen,
so daß fast jeder unterliegt,
den nicht die Schwachen tragen?

(7. September 2000)

Inhalt

Wunschgedicht

Rauch

Des Rauches Fahne ringelt, regt
und räkelt sich im kleinen Wind,
der alle Räume widerlegt,
die zahllos wie die Himmel sind.

Und eine Richtung mußt du suchen,
nur läßt der Rauch dich keine finden,
denn kein System kann sie verbuchen,
die Wandelwechsel, die sich winden.

Den Wind zu greifen, das fällt leicht,
doch kann ihn niemand wirklich halten,
weil seine Herkunft weiter reicht,
als alle herrschenden Gewalten.

So kann ich ob des Rauches Flucht
und seinem viel zu kurzen Leben
in Anbetracht der heißen Wucht,
in die sich Dämpfe Muster weben,
dem Schlierenschein
und Schattenlaunen
doch nur allein
verwundert staunen.

(22. August 2001)

Gaumengeist

Der Tabakpfeife
zarter Rauch
schnürt eine Schleife
süßen Schmauch.

(3. März 1999)

Kleines Feuer

Ein kleines Feuer
in dem Kamin
als Lichtgeheuer,
und sie entflieh'n,
die dunklen Wände,
der Schutz der Ratten,
wie kalte Hände
im Nichts der Schatten.

Dazu die Pfeife,
ein wenig Glut,
würzige Reife,
und es riecht gut.

Tee und Geschichten,
wir tun uns gütlich,
ganz ohne Pflichten,
das ist gemütlich.

(9. Oktober 2003)

Der Sündenpilz

Ein kleiner Pilz,
im Schnabel Rauch,
am Rindenfilz
beim Ginsterstrauch,
der hustete
ganz fürchterlich
und prustete
die Spor'n von sich.

So fühl'n im Wald
dann nur noch Raucher
sich wohl schon bald
als Luftverbraucher.

(2. Januar 2008)

Steigen

Steigend am Krumen
auf wärmere Luft,
schafft es sich Volumen
wie Äther und Duft
und zieht sich zusammen
in kühleren Schichten,
als könnten die klammen
Tröpfchen es richten,
daß mehr nur als Schwaden
im windigen Zug
die Wolken beladen
zum Überlandflug,
mit Perlen und Tropfen
auf staubigen Pferden
Gewitter zu stopfen,
die abregnen werden,
als Urelement
in Wirbeln und Kreisen;
der Inuit nennt
es Wasser auf Reisen.

(9. Januar 2009)

Mikrozwerg

Ein kleiner Mann
erschrickt gewaltig,
er sieht sich an,
die Stirne faltig,
im Spiegelschein
der Leuchtturmlampe
am Sesselbein
als Himmelsschranke.

Ein Mikrozwerg
im Hutmassiv,
im Stinkfilzberg,
die Spalten tief,
verliert er doch
den letzten Mut
und rutscht ins Loch
vom Knopf im Hut.
Und er erblickt
auf Augenhöhe,
von Furcht erstickt,
die Monsterflöhe.

Hat schon versucht
noch zu entkommen,
sie hab'n, verflucht,
ihn mitgenommen.

(18. November 2008)

Voller Mond

Zu Nebel aufgerieben
erliegt das Wolkenheer,
vom vollen Mond vertrieben
wird es der Luft zu schwer.

Ein Wolkenfetzenschatten
im lampenfahlen Licht,
den wir gesehen hatten,
ersetzt den Schleier nicht.

(16. August 2000)

Nahtlos

Spurlos ziehen Vogelschwärme
durch die Himmelsweiten,
ihre Gründe, nur die Wärme
und die späten Zeiten.

Nahtlos kreuzt ein jeder Fisch
Ströme und Gezeiten,
seine Speisen ohne Tisch
braucht niemand bereiten.

Nichts, was wird, und nichts, was bleibt,
hindert solche Wesen,
fortzutanzen, wie es treibt,
und im Nichts zu lesen.

(15. August 2003)

Frösteln

Sternübersäter,
nachtschwarzer Schliff,
staubig verwehter,
eiskalter Griff.

(21. Januar 1999)

Tagtraum

Ich möchte gerne reisen
auf nimmer Wiederkehr
und ohne Magen speisen,
von jedem immer mehr.

Ich möchte gerne fliegen
ganz ohne Flügelschlagen
und ohne Mühe siegen,
mit Lust und Freude klagen.

Ich möchte gern so vieles
und nie ist es genug,
als Herrscher dieses Spieles
wär' ich unschlagbar klug.

Ach, wenn ich erst beginne
zu wünschen und zu träumen,
entfliehen mir die Sinne
in grenzenlosen Räumen.

Doch sind es gerade diese,
die ich zum Reisen brauche,
und dafür reicht die Wiese
und Sonne auf dem Bauche.

(27. September 2000)

Windheim

Der Wind hat es gebogen,
das mächtige Geäst,
von Ost nach West verzogen
und sitzt im Wipfel fest.

(16. April 2000)

Rutschbahn

Ich fühl' mich gut geborgen
im Hier und Jetzt der Stunde,
im Gestern und im Morgen,
im tiefsten Weltengrunde.

Am Nachmittag im Garten,
spät Abends auch im Bett,
da könnt' ich Stunden warten,
wenn ich die Ruhe hätt'.

Auch zögere ich gerne,
vergeß' und schweife ab
in unerreichte Ferne,
der Schreck hält mich in Trab.

Ich warte, reagiere
und träume vor mich hin,
ich glotze und ich stiere,
gestützt auf Arm und Kinn.

Der Wind kann mich berühren,
ich fühle mich gemeint,
laß mich vom Blicke führen,
der mir fast endlos scheint.

Ich runzele die Stirne
und zeige Denken an,
damit in meinem Hirne
sich was bewegen kann.

Ich gebe zu verstehen,
es wird zur Antwort kommen,
und lasse sie auch gehen,
kommt sie dann angeschwommen,

ist endlich aufgestiegen
von trägen, dunklen Orten,
die Stille zu besiegen
in gut gewählten Worten.

Nun, es läßt sich gut leben
in diesem Reich dazwischen,
kein Quentchen ist zu heben
und nichts ist zu erwischen.

Gut angepaßt und reagiert,
derweil die Kräfte walten,
ist mein Gewinn, die Welt verliert,
das nenn' ich richtig schalten.

So bleibe ich in Sicherheit
und frei und friedlich oben,
wenn unten sonst die ganze Zeit
Vernichtungskräfte toben.

Und das nur, weil ich stetig warte,
im Mittelpunkte wohl plaziert,
bevor ich weiche oder starte,
damit mein Ich sich nicht verliert.

Doch eine kleine Lücke
im Flucht- und Wartewahn
enttarnt die Himmelsbrücke
als Rutsch- und Geisterbahn.

(24. Mai 2005)

Ein bißchen Blau

Die grüne Wiese,
der rote Mohn,
Baumwurzelriese
und Vogelthron.

Rinde und Dunkel,
gelb dickes Harz,
Edelsteinfunkel,
Schatten und Schwarz.

Glanzwasserfläche,
Seen so weit,
Flüsse und Bäche,
scheidende Zeit.

Wolken in Weiß,
die darin spiegeln,
Wellen im Kreis,
Schilfblätter igeln.

Unter den Sternen
Menschengelichter,
Lampen, Laternen,
müde Gesichter.

Fast frohes Treiben
vieler Figuren,
schwer zu beschreiben
all die Strukturen.

Grün oder rot,
gelb oder weiß,
schwarz wie der Tod,
schwefelbraun heiß.

Und dann der Schrecken,
hinfort ist der Traum,
ich kann mich strecken,
erinner' mich kaum.

Denn nur etwas Kleines,
das fehlte der Schau,
was unsagbar Feines,
ich mein, es wär' Blau.

(7. November 2005)

Appendix

Ich war auf einer Wanderschaft,
finster, finster, finster, finster,
vollkommen leer, der Rest der Kraft
war'n die Fäden der Gespinster.

Nirgends gab es ein Entweichen,
nicht einmal den Horizont
konnt' ich mit dem Blick erreichen,
überall die dunkle Front.

Soweit ich Schritte zählen konnte,
verändert' doch die Gegend nichts,
die sich im trüben Abglanz sonnte,
der Finsternisse letzten Lichts.

Begann ich mich zu arrangieren
und setzte mich zur kurzen Ruh',
dann ging es noch mit mir spazieren,
und ich wurd' folgsam wie ein Schuh.

Es hört' nicht auf, sich zu bewegen,
und doch zerbrach es immerfort,
und drang es stark, mich zu erregen,
verödet' 's schon am selben Ort.

Und ganz bestimmt war ich getrieben
von Unabsehbarkeit und Zeit,
davon ist nichts zurückgeblieben,
als dann ein Lidschlag mich befreit'.

Was war das nur den ganzen Morgen,
nicht wenig war ich doch verwirrt,
denn schließlich blieb mir nicht verborgen:
Ich hab' mich im Gehirn verirrt.

(14. Mai 2006)

Melancholie

Kommt dir schon der Abend länger
und der Morgen kürzer vor?
Wird auch dir vor allem bänger,
öffnet sich dein drittes Ohr?

Zitterst du im Sonnenschein
und der kalte Wind treibt Schweiß,
bleibst bei Freunden doch allein,
und dir schwant, was niemand weiß?

Trifft dich wie der Trommellärm
jede Sorge, jede Not
durch die Polster ins Gedärm?
Steht das Wasser schon im Boot?

Bist du über alle Maßen
nur mit deiner Flucht befaßt?
In der Wohnung, auf den Straßen
gibt 's kein Hemd mehr, das dir paßt?

Sagst du, weil du drauf bestehst:
"Eine Mitwelt gibt es nicht",
denn wo du auch sitzt und gehst,
gibt 's nichts Dunkles ohne Licht?

Drohen Schatten unverhohlen
und weichst du nicht mehr zurück,
forderst, noch verschreckt, verstohlen,
gerade jetzt und hier dein Glück?

Tu 's gleich ohne Überlegung,
die dich festhält und verwarzt,
setz' dich einfach in Bewegung,
krankheitswärts und nicht zum Arzt.

(21. Oktober 2006)

Nebelbank

Kein Vogel dort,
der Lieder singt
an jenem Ort,
der unbedingt
im Dunkel bleibt
in seiner Pracht
und Blüten treibt
aus schwarzer Nacht
in alte Zeiten,
um ihre Träume
noch zu geleiten
in kalte Räume.

(20. März 2007)

Die höchste Kunst

Den Finger heben,
ohne zu droh'n,
die Freundschaft geben
und nicht als Lohn.

Die Zähne zeigen
und alles lacht,
auf Bäume steigen
und vogelsacht.

Die Treppe fegen
mit sanftem Schwung
und Zeit freilegen,
Erinnerung.

Ein Eis verspeisen,
wann immer auch,
und süß verreisen,
nicht nur im Bauch.

Stets ungebeten,
sich selbst im Wort,
beiseite treten
und doch nicht fort.

Wo Angst mit Qualen
ums Vorrecht ringt,
ein Bild zu malen,
das doch gelingt.

Wie Marmelade,
die Butter grüßt,
und dabei gerade
aufs beste süßt.
Wie mit der Zeit
der Kaffeedunst
die Nase freit,
bleibt solche Kunst
das höchste Gut
der großen Tat,
mit Lebensmut,
der Folgen hat.

(17. Mai 2007)

Nebelriß

Das blaue Leuchten in der Nacht,
wenn ich die Augen schließe,
ein Feuerstich, bevor es kracht,
wenn ich auf Schatten schieße.

Die Schnuppe Stern, die niederstürzt
und für einen Atemzug
den Horizont zum Wunsch verkürzt,
ist dem Augenblick genug.

Der Nebeldunst, der aufwärts steigt,
von warmem Licht getragen,
der sanft entkleidet und doch zeigt,
es tut nicht not zu jagen.

(14. Juni 2007)

Altes Glück

Der Nebel schiebt zum Horizont,
so weit das Auge blicken kann,
an seine rosarote Front
den Tag bis an das Dunkel ran.

Dann trinkt er sich ins tiefe Dunkel,
es wird die feuchte Luft gebraut
am Rand der kalten Sternenfunkel,
wie es das ferne Auge schaut.

Wolken, die die Nacht gerungen
und vom ersten Licht geweckt,
liegen da, noch eng umschlungen,
nur vom neuen Tag entdeckt.

Kann der Mensch als Lebewesen
auch zu seinem alten Glück
mit dem fernen Auge lesen:
Nähe liegt nicht weit zurück?

(7. Mai 2008)

Regennacht

Ich friere in der Regennacht
und bin darauf versessen,
daß jemand es gemütlich macht,
nur wie hab' ich vergessen.

Wie wär's, fällt mir dazu noch ein,
wenn ich doch einmal frage,
ist jener Mensch nicht mehr allein
als ich in meiner Lage?

Und wäre es denn so verkehrt,
wenn ich mich um ihn sorge,
auch wenn sich alles in mir wehrt,
und ihm das meine borge?

Und habe ich mich aufgerafft,
grad jenem Menschen Zeit zu schenken,
hab' ich die Kälte fortgeschafft,
ohne mich dabei zu verrenken.

(28. September 2001)

Zeichen

Aus dem Licht
schält sich ein Schatten,
den wir nicht
im Auge hatten;

aus der Leere
brechen Fluten
wie sie Meere
nie vermuten;

und das Volk der Pflanzen
stiftet
nur noch, was im ganzen
giftet.

Kurz, der Aufstand
ist perfekt,
wenn er nicht die Hand
erweckt,

die beginnt, in Schmutz und Schaum
über alle Zorneswogen
wie nach einem alten Traum
aufzugeh'n als Regenbogen.

(4. Mai 2000)

Aufbruch

Schließ' die Augen, spitz' die Ohren,
atme tief und schlaf' nicht ein,
denn so gut wie neugeboren
wirst du in der Zukunft sein.

Schmiede keine Pläne mehr,
halte dich verborgen,
klammert auch das Gestern sehr,
deine Zeit kommt morgen.

Doch verwechsel' bitte nicht
solches Tun mit warten,
sonst verfällst du dem Gericht
vieler Lebensarten;
deren Hinterlassenschaften
muß ein jeder wie auch du
noch in seiner Zeit verkraften,
immer auf das Ende zu.

Diesem Ende widerstehen
mit der Hilfe klarer Worte
öffnet nicht nur aus Versehen
deiner Chance die erste Pforte.

(4. Januar 2001)

Traumtanz

Wißt ihr, ich habe am Mondlicht gefeilt,
um ihm den Glanz und den Schein zu verbessern,
ich habe das Nichts ins Ganze geteilt,
wollte mit Löffeln die Meere bewässern.

Ich war bereit, unendlich zu leiden,
nur um den Flug ohne Flügel zu tun,
zu allem bereit, bloß nicht bescheiden,
am Ziele vielleicht auch noch auszuruh'n.

Ich bin wohl gesprungen, immer zu kurz,
denn viel zu wenig lag mir am Vergleich,
ich wähnte mich sicher, auch noch im Sturz,
und nicht meine Tat, die Welt wurde weich.

Bald konnte ich den Horizont streifen,
ich wollte weit darüber hinaus,
doch mit der Ferne kam das Begreifen,
ich war lang schon daheim und zu Haus,

kein Ort zum Bleiben oder Verweilen,
atemlos hielt ich den Schmerz und den Druck,
mehr als zu flüchten oder zu eilen
brennt noch der Durst nach ergiebigem Schluck.

Weil unnachgiebig, getreulich und fest,
ich nichts and'res tu' trotz der Verluste,
macht alle Welt plötzlich gerne den Rest,
so als ob sie das schon immer mußte.

Wißt ihr, mir schien öfter, ihr hättet recht,
und das genügte, dagegen zu sein,
deshalb sage ich euch, nichts war so echt,
wie jener Trugschluß am Mond und am Schein.

Und ihr müßt wissen, was ich auch sage,
immer war 's Lüge und bleibt gelogen,
euch fehlt die Antwort und mir die Frage,
ich bin schon vor den Vögeln geflogen.

(27. Mai 2003)

Sternenlicht

Hast du die Sterne funkeln seh'n
und des Himmels Kuß verspürt,
dann, eisig im Vorübergeh'n,
hat ihr Glitzern dich berührt?

Hörtest in der Ferne Klänge
und verstehst ihr Credo nicht?
Schienen sie dir wie Gesänge,
weit gereist im Weltenlicht?

Sicher, Staunen oder Schrecken
hatte dich deshalb erfaßt,
denn die ungeheuren Strecken
suchen nicht die kleinste Rast,
die zum Zögern und zum Zaudern
vielleicht noch geeignet wär';
und von hinten kam ein Schaudern,
das der Flucht zur Wiederkehr.

Willst du in den nächsten Nächten
dich darauf nochmal besinnen,
hast du dich doch jenen Mächten,
die Erinnerungen spinnen,
ausgeliefert, das ist klar,
denn in dieser großen Kälte,
die dir so verbunden war,
als der Mond den Hund verbellte,
eingefunden, und verloren
wie ein Schatten in der Nacht
und dem Leben abgefroren,
hätt' dich nichts zurückgebracht.

(23. Oktober 2002)

Hexenschritthüter

Ich habe einen Hut geseh'n,
der reichte bis zur Erde,
und dort, wo sonst die Federn steh'n,
da grasten Rind und Pferde.

Es war ein Hügel sicherlich,
so könnte jemand sagen,
des Menschen Augen täuschen sich,
von Träumerei geschlagen.

Ein Traum, sag' ich, war es bestimmt,
und doch mit wachen Sinnen,
ein solcher, der den Schleier nimmt,
um Tiefe zu gewinnen.

Um mehr zu wissen als zu schau'n
und brückenlos zu überqueren,
wo wir auf Oberflächen bau'n,
die uns doch nur den Schritt verwehren.

Der wohl der einzige auch sei,
sich nicht mehr nur zu wiederholen,
von allen Regeln gänzlich frei,
dem Teufel aus dem Sack gestohlen.

Der niemals rastet oder ruht
und keinen Meter säumig bleibt,
der ungefesselt, unbeschuht
die Welt durch seine Tänze treibt.

Doch nur mit wildem, festen Tritt
und einem traumgereiften Mut
erschließt er sich, der Hexenschritt,
und seine Heimatwelt, den Hut.

(22. April 2004)

Ahorns Reise

Ein Ahornblatt wird sich im Sturm
zu schnell und hoch erheben,
wird über jeden Berg und Turm
bis zu den Wolken streben.

Von großen und von kleinen Winden
läßt es sich weiter treiben,
von keinem Auge mehr zu finden,
kann es auch nirgends bleiben.

Später dann, am selben Ort,
wird es wiederkommen,
war dann schon drei Jahre fort,
hat sich Zeit genommen.

Es sinkt auf einen Blätterhaufen
und legt sich endlich nieder,
nie mehr mit Wind und Wetter raufen,
die Erde hat es wieder.

Wohl steht in einem alten Buche,
geht der Ahorn je auf Reisen
so wie auf eine lange Suche,
dann zeigt er und wird beweisen,
daß der faule Glaube nur,
alles blieb beim Alten,
Dummheit ist und Irrtum pur
und der wird nicht halten.

Doch es steht im Buche auch,
daß die ganze Menschenwelt
sich zermalmt zu Staub und Rauch,
wenn das Blatt nicht niederfällt.

(12. November 2008)

Ein bunter Hund

Kurt Meier hatt' so einen Namen,
der nur soviel sagt wie Gert Schmidt,
und nichts daran fällt aus dem Rahmen,
ein Durchschnittsmensch auf Schritt und Tritt.

Und doch, so wie bei keinem zweiten
war dem Kurt Meier anzuseh'n,
was Tag und Umstand ihm bereiten,
da war er fast ein Phänomen.

Hatt' ihn der Job mal stark gebuckelt
und er war mehr als nur geschafft,
dann wurd' solang am Bier genuckelt,
bis er am Tresentisch erschlafft'.

Er fürchtet' nichtmal seine Frau,
wenn er dann doch nach Hause muß,
sternhagelvoll und stinkeblau
wurd' er nur ander'n zum Verdruß.

Und auch nicht selten ohne Not,
weil er den Ärger richtig suchte,
wurd' sein Gesicht ganz puterrot
und nicht nur, weil er schrie und fluchte.

Oder, wenn er es nicht mehr faßte,
daß dies und das danebengeht,
und kreideweiß deshalb erblaßte,
weil er die Welt nicht mehr versteht.

Auch konnte es durchaus gescheh'n,
daß ihm so übel war und schlecht
und Därme und der Magen bläh'n,
weil sich die letzte Mahlzeit rächt'.

Dann schimmerte er etwas grün,
besonders, wenn er kotzen mußte,
als ob die Moose in ihm blüh'n
und nur sein Magen das nicht wußte.

Und dauerte das Elend an,
dann war an ihm sehr gut zu lernen,
daß jemand gelb anlaufen kann
und strahlen wie die Gaslaternen.

Herr Meier war im Leben nur,
das ist der Leichenschaubefund,
ein kleines Tier in der Natur,
doch immerhin ein bunter Hund.

(16. August 2008)

Der Spaßer

Wenn du schon keine Sorgen hast
und alles steht zum Besten,
es treibt dich nicht des Tages Last
und du lebst nicht von Resten,
und dennoch hörst du eine Uhr,
die laut in deinen Ohren tickt
und derart gegen die Natur,
daß das deinen Verstand erschrickt,
die schon damit dein Lebensglück
in nicht geringem Maße stört,
weil 's, wie ein rechtes Narrenstück,
doch außer dir sonst niemand hört,
so fürchte dich und sei gewiß,
fehlt dir dabei dann Sinn und Ziel
und durch die Fragen geht ein Riß,
dann hat er seine Hand im Spiel.

Eines Menschen Illusion
von der ordentlichen Welt
baut er auf und pflegt sie schon,
bis der glaubt, daß sie auch hält,
dann läßt er die Maschen fallen,
gerade, wenn im höchsten Glück
die gebot'ne Chance von allen
sich entpuppt als Narrenstück.

Risse und Verwitterung
zeichnen auch des Menschen Haut,
der noch meint, er bliebe jung,
bis er ihm ins Antlitz schaut,

und im Spiegelhimmelbad,
was der Gegenspieler weiß,
folgt der Mensch nie seinem Pfad,
sondern immer nur dem Kreis.

Sollt' auch dort die Zuflucht sein,
und der Mensch wollt' sich verstecken,
alles platzt am finst'ren Schein
und des fremden Spaßes Schrecken.

Immer nur ist er dazwischen,
niemals kannst du ihn erspäh'n
oder irgendwie erwischen,
du hast Glück, ihn nicht zu seh'n,
denn die Chance kommt früh genug,
ihm die Ehre zu erweisen,
und bis dahin sei so klug,
geradeaus voranzukreisen.

Ach, der Mensch in alten Zeiten
hatte für ihn schon den Sinn
und läßt heute noch begleiten
Spiel und Spaß vom Harlekin.

(7. Juli 2008)

Kieselsteinballade

Aus einem Fluß ein Kieselstein
sollte für viele Jahre
mein Talismanbegleiter sein,
ein Glatzkern ohne Haare.

So manches Mal mit meiner Hand
hab' ich ihn nur befummelt
und mit dem Stein am Taschenrand
das Glück herausgeschummelt.

Bald wollt' die Hose nicht mehr passen,
ich mußte sie mit meinem Stein
für 's erste einfach liegenlassen
und ließ ihn deshalb lang allein.

Der Stein, der glaubte wohl bei sich,
er müßte weiter Gutes tun,
und viele Hosen gab 's für mich,
mit Hemden, Jacken, Socken, Schuh'n.
Das übrige war nicht zu messen,
Erfolg und Reichtum bis zum Rand,
und ich habe den Stein vergessen,
bis ihn die Putzfrau wiederfand.

Als Talisman, teilt er mir mit,
sei seine Arbeit nun vorbei,
jetzt hole er mit jedem Schritt
das Meine wieder und wär' frei.

Ich gebe ihn dem Fluß zurück,
in größter Eile und präzise,
und dort gedeiht bis heut' das Glück
als Auenlandnaturschutzwiese.

(1. Juli 2007)

Der Zug

Ich habe einen Zug geseh'n,
der fuhr auf keinem Gleise
und blieb auf keinem Bahnhof steh'n
am Ende seiner Reise.

Er war nicht fern und dennoch fort,
als hätt 's ihn nie gegeben,
doch unbeweglich wie ein Ort
und flüchtig-schnell wie leben.

Der Kesselbauch ließ seinen Dampf
wie lange Fahnen wehen,
dem Atem gleich in einem Kampf,
blieb auch der Zug nicht stehen.

Obwohl er wie die stete Welle
in meinem langen Augenblick
sich nicht entfernte von der Stelle,
als fesselt' ihn aus Stahl ein Strick,
wollt' mir das Schicksal sicher zeigen,
daß dieser Zug das letzte ist,
das mir erlaubt war zu besteigen,
bevor mich Zeit und Irrtum frißt.

Und dieser Zug, ich weiß, warum,
verlor bald die Konturen,
ich kam um das Billett herum
und stand auf seinen Spuren.

Ich wollte grad' erleichtert sein,
da traf mich das Begreifen;
in diesen Zug stieg ich längst ein,
zu bleiben sollt' ich reifen.

(5. Februar 2005)

Der Mückenstich

Sie kommen aus Fugen und Spalten gekrochen,
die Käfer und Larven, Insektengetier,
sie haben die sterbende Erde gerochen,
gelockt und getrieben von maßloser Gier.

Sie füllen die Mäuler, die Mägen, den Darm
und einzeln wär' das auch gut zu verkraften,
doch dieses Gelage im lärmenden Schwarm
kann Seen und Meere und Flüsse entsaften.

Sie füllen die Felder, die Luft und die Seen
und mit ihren Leibern und ihrem Chitin
bremsen sie die Winde, bis daß alle steh'n,
verdunkeln die Sonne, die eben noch schien,
verschließen die Räume zu leben dann ganz,
legen sich schwer auf Täler und Berge,
und sie schmücken bald ihren grausigen Tanz
mit ihrem Tod wie Menschen die Särge.

Ich sehe vom Fenster das Tanzen der Mücken
und fühle von innen, wie froh ich doch bin,
daß sie nicht so viel sind, um uns zu erdrücken,
dafür nehm' ich gern auch den Mückenstich hin.

(4. Juni 2004)

Schwarm

In den indischen Gewässern,
nah' der Küste bei dem Riff,
dort, wo Menschen nur mit Messern
Fische fangen ohne Schiff;

dort, wo man mit seinen Händen
ohne Werkzeug oder Schliff,
nur das Meer an seinen Lenden,
immer gleich ins volle griff;

dort, wo viele Lebensarten,
dicht gedrängt in großer Enge,
ganz wie im Gemüsegarten
Leben schöpfen aus der Menge.

Dort hat einst ein kleiner Fisch
sich 'was Großes ausgedacht
an dem reich gedeckten Tisch
und sich Blasen abgelacht:

"Mancher Zeitgenosse hier
ist so sehr damit beschäftigt,
daß er nicht des Feindes Gier
oder dessen Magen kräftigt,
und der ohne Mitgenossen
und Geborgenheit im Schwarm,
nur gestützt auf eig'ne Flossen,
an Kontakt und Freuden arm,

im Reflex zu überleben
durch die Meereswelten treibt,
nie genug, um abzugeben,
und doch auf der Strecke bleibt.

Anders schon im großen Schwarm,
selbst wenn es mal kühler ist,
bleibt die Lebensfreude warm,
weil man niemanden vermißt."

Kleiner Fisch erkennt, wie wahr,
daß der Freßfeind, irritiert,
wird er einmal zur Gefahr,
Beute durch den Schwarm verliert.

Warum also, fragt der Kleine,
nicht auch einmal umgekehrt
und gemeinsam, nicht alleine,
sich der Schwarm im Kampfe wehrt?

Lange braucht er nicht zu warten,
schnell wie von der Bogensehne,
mitten im Korallengarten
greift und frißt ihn die Muräne.

Später, seine Kameraden,
die schon lange in den Riffen
überleben als Nomaden,
sagten: "Er hat's nicht begriffen,

daß der Schwarm die Deckung ist,
nur zum eig'nen Überleben;
und wenn das einer vergißt,
muß er wohl das seine geben."

(24. Mai 2002)

Rotkäppchen

Es war der Wolf, das wilde Tier,
das jenes Menschenkind noch warnte
vor der Familie List und Gier,
die sich zivil und kleidsam tarnte.

"Bleib' bei den Blumen und den Bäumen
und bleib' dem Haus der Oma fern,
verbring' die Zeit mit Spiel und träumen,
dabei begleite ich dich gern."

"Ich würd' am liebsten mit dir laufen,
doch meine Großmama ist krank,
sie kann sich selber doch nichts kaufen,
deshalb bring' ich ihr Speis' und Trank."

Der Wolf konnt' es ihr nicht erklären,
nur seine Haare sträubten sich,
den freien Weg mußt' er gewähren
und dabei ging's ihm jämmerlich.

Er kannte nur das Hörensagen
aus Flüsterwind und Bäumerauschen,
die hatten es ihm zugetragen,
nur Wölfe können es erlauschen.

Und um das Haus die alten Fährten
haben es förmlich aufgedrängt,
wie oft sich kleine Wesen wehrten
und wie vergeblich und verschenkt.

Er senkt die Rute vor dem Fluch
und trollt sich aus des Kindes Spur,
er hindert nicht mehr den Besuch,
es bleiben Flucht und Schatten nur.

Lange, lange Zeit danach,
als sie längst erwachsen war,
wurde ihr Gedächtnis wach
und enthüllt' die Stunde klar.

Als sie in das Haus eintrat
und das fremde Wesen fragte,
das wie ihre Oma tat,
sie beruhigte und ihr sagte:

"Der große Mund, die großen Augen,
die dienen nur dem einen Zweck,
sich heftig an dir festzusaugen
und kosten von dem Kinderspeck."

Nichts hatte sie davon verstanden,
es hat nur furchtbar weh getan,
die ganze Kindheit kam abhanden,
es tötete den Lebensplan.

Sie mußte allen dann erzählen,
ein Jägersmann war dort zu Gast,
dem Wolf und Fuchs das Fell zu stehlen,
er hielt im Haus die kurze Rast.

Der hat den Wolf dann auch erschossen
für all das Böse, das geschah,
und lautlos ist das Blut geflossen,
ertränkend, was das Auge sah.

Doch weil das Ganze nicht gefällt,
wird es verdaut in kleinen Häppchen,
und abgewandt von Mensch und Welt
trug sie fortan ihr rotes Käppchen.

(20. Februar 2001)

Käferkarma

Die Tierwelt flüchtet, läuft und rennt
und tiefe Glut, die stellt ihr nach,
der Wald, das Buschwerk, alles brennt,
die Waberhitze kocht den Bach.

Die Flammen züngeln, schlagen, rasen,
die Luft vibriert und zerrt den Blick,
der Sturmwind hat es angeblasen,
das Feuer und das Mißgeschick.

Die Kälte traf auf trock'ne Luft,
und die, im Unterschied, war warm,
der Unterschied, noch nicht verpufft,
erschuf die Winde wie im Darm.

Und eine Scherbe Flaschenglas,
die blitzt und brennt im Sonnenlicht,
entzündet Trockenholz und Gras,
das Unterholz, es stand zu dicht.

Der Käfer, der die letzten Meter
verzweifelt zu entkommen sucht,
der stirbt bereits ein wenig später
und brennt in heller Feuerswucht.

Das war, der Wind nahm wieder zu,
und hat ins Flammenmeer gepustet,
den Käfer reut 's in Todesruh':
"Hätt' ich vor Tagen nicht gehustet."

(9. Dezember 2006)

Vogelfrei

Staubtrocken und öde,
die Luft unterkühlt,
die Pflanzenwelt spröde,
der Boden zerwühlt.

Die Sonne geht unter
und doch geht sie auf,
wohl drüber und drunter
im Zeitenverlauf.

Was seh'n meine Augen,
was hören die Ohren,
die nicht dazu taugen,
nach Leben zu bohren.

Wo oben am Hügel
auf seiner Kruste
das Flattern der Flügel
Staub wirbeln mußte.

Die Flügcl, die schlagen,
so will es erscheinen,
zu müde zum Tragen
und Augen, die weinen.

Verlassen und einsam
von jedem der andern,
die sonst nur gemeinsam
den Himmel durchwandern.

Läßt es sich dort nieder,
so unweit von mir,
mit stumpfem Gefieder,
das durstige Tier.

Es wird hier nichts finden,
nicht Kühlung, nicht Stille,
und bald schon erblinden
sein Blick und sein Wille.

Komm, laß es und bleibe,
bewege dich nicht,
daß nichts es vertreibe
aus unser'm Gesicht.

Wohl wird es jetzt sterben,
das weiß ich doch auch,
und ganz ohne Erben
vergehen wie Rauch.

Gleich wie wir wohl alle
und zu guter Letzt
als Opfer der Falle,
vom Feuer gehetzt.

So laß es doch scheiden,
es schlug sich schon hart
und hatte zu leiden
als letztes der Art.

(27. April 2001)

Furio

Ein Lüftchen hat vergessen,
im Winde mitzuzieh'n,
es hat wohl festgesessen
und konnte nicht entflieh'n.

Als eine Ackerspalte
in sich zusammenbricht,
versperrte ihre Falte
den Ausgang und das Licht.

Das Lüftchen ließ sich nieder
und plusterte sich auf
wie Vögel ihr Gefieder,
denn es wollt' wieder rauf,

wenn 's geht, bis zu den Schiffen,
die man die Wolken nennt,
am liebsten laut gepfiffen,
daß jeder es erkennt.

Doch hatt' es schlechte Karten,
in diesem kleinen Loch
mußt' es sehr lange warten
auf seine Zeit, die kroch.

Es waren Gärungsgase,
die reicherten es an
in einer Wärmephase
und drückten irgendwann.

Die Erde ward verschoben,
der Weg schien wieder frei,
fast ging es steil nach oben,
da war die Fahrt vorbei.

Bis an der Bäume Kronen
hat Lüftchen es geschafft,
wo seine Brüder wohnen,
da spürte es die Kraft.

Denn sie ließ es nicht weiter,
auch hielt sie es nicht fest,
und wie auf einer Leiter
hing Lüftchen im Geäst.

Was aufsteigt, weil es gammelt,
bläht nun sein Konterfei,
das Lüftchen schluckt' und sammelt',
und eine Bö wurd' frei.

Sie klettert' nicht nach oben,
sie forderte zum Tanz,
bis viele Winde toben
in einem Wirbelkranz.

Schlußendlich sich zu zähmen
stieg sie zum Himmelsturm,
sich Zeit und Ruh' zu nehmen,
doch der blies sie zum Sturm.

"Du kleines Lüftchen solltest
doch mindestens erfassen,
als du noch frei sein wolltest,
hast du den Platz verlassen,
der auch für kurze Dauer
dein Haus gewesen wäre,
geschützt durch eine Mauer
von warmer Luft und Schwere.
Erst langsam und bedächtig
gingst du dir dann verloren,
zu keiner Regung mächtig,
veratmet und vergoren,
zum Segen vieler Leben
und mancher Sterbensnot
hast du dich dann ergeben
wie Feuerrauch dem Schlot.

So kannst du jetzt beweisen,
wie anders es doch sei,
im Himmelsheer zu reisen,
zum Sturm und Stören frei.

Du lebst auch jetzt nicht länger,
doch wirst du mit Gewalten
und sicherlich noch strenger
dein Sterben mitgestalten.

So, Lüftchen, fahre, fetze
und brause auf in deinem Zorn
zu furioser Hetze
der Ackerfurche auf das Horn.

Und schieb und drück
das Feld als Sturm
und kehr zurück",
so sprach der Turm.

(31. Juli 2003)

Die Einwilligung

"Ach, weißt du noch, vor Wochen",
spricht der Patient es aus,
"gefeiert und gebrochen
und dann ins Krankenhaus."

So haucht er seine Worte.
Und die Erinnerung
an diesem fremden Orte
ist wie ein Rettungssprung,
ein Sprung wie aus dem Fenster,
der ihrer Hilfe flieht,
weil er sie als Gespenster
mit böser Absicht sieht.

"Ach, bitte, liebe Schwester,
ach, Doktor, hör'n Sie doch,
mein Herz, es schlägt schon fester,
nur ein paar Stunden noch.

Und wird es wieder schlimmer,
dann möcht' ich folgsam sein,
wird 's noch mal schlecht wie immer,
so willige ich ein.

Doch jetzt, zu dieser Stunde,
da geht es mir so gut,
und selbst der Schmerz der Wunde
gibt mir noch Kraft und Mut."

Nun flüstert er so leise,
daß niemand hören muß,
wie er sie liebt, die Reise,
und fürchtet ihren Schluß.

Noch einmal dringt sein Flehen
zu seinem eig'nen Geist,
und keiner kann es sehen,
bis daß der Faden reißt.

"Ach liebste Frau, ach lieber Sohn,
laßt euch doch noch mal auf mich ein,
den kalten Schnitt, ich spür' ihn schon;
ich will auch immer artig sein."

(18. Juni 2006)

Die andere Seite

Große Hoffnung und Geschichten
halten die Gespräche wach,
manche wissen zu berichten
übers Jenseits und danach.

Grad die Priester und Propheten
leben von der schönen Mär,
und mit Glauben und Gebeten
rufen sie den Himmel her,

jenen Himmel der Versprechen,
der in ihren Reden glänzt,
an dem Gläubige zerbrechen,
weil er den Verstand begrenzt.

Nur der Wunsch, sich zu erlösen,
klappt mit Meditation,
denn das Denken zu verdösen,
ist ein rechter Himmelslohn.

Spiritisten schwören täglich,
daß sie wissen wo und wie,
und sie mühen sich unsäglich,
doch das Paßwort fand man nie.

Esoterische Versuche,
nach den Regeln auszuschau'n,
leiden unter diesem Fluche,
Brücken aus der Luft zu bau'n.

Mancher sagt auch nur bescheiden:
"Heute nicht, dann besser morgen",
doch er streckt und mehrt sein Leiden
und verschiebt nicht nur die Sorgen.

Auch das Kind an meiner Hand
fragt mit toternstem Gesicht
mich nach diesem Anderland.
"Dieses hier", sag' ich dann schlicht.

Und das Kind blickt in die Weite,
fragt: "Nicht draußen, also hier?"
"Nein", sag' ich, "die andre Seite
liegt zurück und hinter dir."

(31. Oktober 2003)

Totenklage

Manchmal, da fließen die Tränen,
manches Mal sind sie versiegt,
dann Versuche, sich zu lehnen,
weil das Schicksal so viel wiegt.

Oder mühevolles Greifen
nach dem allerletzten Mal,
um sich noch herauszureifen
aus der Klammer dieser Qual.

Die Furcht, die Angst, die Leere,
sie schneidet alles doch
wie eine große Schere,
was bleibt, das ist ein Loch.

Geheucheltes Verstehen
und Hände ohne Blut,
die Füße wollen gehen,
es sammelt sich die Wut.

Am Ende nur verlassen
von jedem, Stück für Stück,
gelingt's doch nicht zu hassen,
die Seele kehrt zurück
in ihre alte Lage,
zur alten Strategie,
wo sie von Klag' zu Klage
sich ihre Kräfte lieh.

Vielleicht eine Sekunde,
vielleicht für den Moment,
da öffnet sich die Wunde,
die mehr als Trauer brennt.

Am dauernden Versagen
ist Leben nicht zerbrochen,
doch wegen all der Klagen
hat man auch nie gesprochen.

(12. November 2002)

Schwefelhut

Um des Teufels Schweif und Hörner
gibt es Lieder und Geschichten
wie am Meeresstrande Körner,
die von alter Zeit berichten.

Menschen täuschen, hintergehen,
ist danach sein Hauptberuf,
daß sie zu Beginn nicht sehen
Hörner, Ochsenschwanz und Huf.

Unter Kleidern gut verborgen,
schleicht er sich an sie heran,
und verspricht beï ihren Sorgen,
daß er ihnen helfen kann.

Gibt sich aus als Mann von Welt,
der gern schenkt, was immer fehle,
und der sein Versprechen hält,
dafür will er nur die Seele.

Oft erzählt man sich am Tresen,
wie ein Mensch als wahrer Held,
listiger als dieses Wesen,
es betrog um Lohn und Geld.

Denn das Rätsel läßt sich lösen,
wie so etwas gehen kann,
straft man doch nur so den Bösen
und stellt selbst nichts Übles an.

Wollt' der Teufel wirklich raffen
und am Ende Seelen zählen,
müßt' er noch für jede schaffen
und sich mehr als and're quälen.

Nein, der Teufel, unverwunden,
ist des Menschen Hilfskonstrukt,
und der Mensch braucht nie erkunden,
was in seinem Brustkorb zuckt.

Möchte aber jemand doch
die Erkenntnislücke schließen
wie in einem Strumpf das Loch,
soll ihn das nicht lang' verdrießen.

Er braucht nur vor seiner Frist,
noch bevor er dran verreckt,
fragen, was es denn nun ist,
das der liebe Gott versteckt.

(7. August 2004)

Wunschgedicht

Das Puck-Gebet

Wirf die Sterne in die Wolken,
laß' es schneien in der Nacht,
dann hast du das Licht gemolken,
das das Weltall sichtbar macht.

Schwing' dich in die höchsten Wipfel
mit der Sprung- und Kletterkunst,
setz' dich auf des Baumes Gipfel
für ein Nebelbad im Dunst.

Grüß' den Morgen vor der Sonne,
lang' bevor die Welt erwacht,
find' dich ein zur Elfenwonne,
die dir düst're Freude macht.

Wenn der Tag die Schatten bricht,
die dir Schutz und Heimat sind,
schließ' die Augen vor dem Licht,
und schlaf' wie des Nachts das Kind.

Träume von dem nächsten Mond,
der dich weckt und neu belebt,
dessen Schein dich schirmt und schont
und dir Prachtgewänder webt.

Sorge nur in deinem Traum,
auch wenn es dir lästig ist,
für den dunklen Lebensraum,
den der Mensch so gern vergißt.

(20. November 2000)

Über den Autor

Helmut Barthel, geboren 1951 in Hamburg, schreibt seit seinem achten Lebensjahr. Sein beeindruckendes Werk umfaßt heute weitmehr als 1000 Gedichte und zwei Serien von über 100 Kurzerzählungen über bedeutende Religionsstifter und Philosophen von der Antike bis in die Gegenwart. 2015 erschien der erste Teil seines Romans "Zauber kalt", dem zwei weitere folgen sollen. Die beiden Bände "Dichterstube, Kehricht Band 1 und 2" enthalten alle weiteren Gedichte verschiedenster Formate und Aphorismen, die in den fünf Büchern "Lyrik-Lesung" noch nicht veröffentlicht wurden. Verbliebenes vom Feinsten!

Helmut Barthel arbeitet als Verleger und Chefredakteur des Schattenblick und ist Verfasser nachhaltiger Fachartikel in den Bereichen Politik, Kultur, Philosophie und Sport. Seine Leidenschaft gilt der deutschen Sprache, besonders in verdichteter Gestalt.

Lyrik-Lesungen

Dichterstuben

Eine Auswahl

von Helmut Barthel

im Kulturcafé Komm du

Lyrik-Lesung 1
vom 29. Mai 2013
ISBN 978-3-925718-29-8

Lyrik-Lesung 2
vom 7. August 2013
ISBN 978-3-925718-30-4

Lyrik-Lesung 3
vom 30. Oktober 2013
ISBN 978-3-925718-31-1

Lyrik-Lesung 4
vom 4. Dezember 2013
ISBN 978-3-925718-32-8

Lyrik-Lesung 5
vom 12. Februar 2014
ISBN 978-3-925718-33-5

Dichterstube

Kehricht
Band 1 und 2
von Helmut Barthel

Kehricht und Fegen,
zum Entsorgen frei.
Doch halt! Von wegen!
Noch ist was dabei.

Es mahnt mich an Reste
und mein langer Blick
eröffnet das Beste
vom Dichtergeschick.

(H.B.)

Band 1: ISBN 978-3-925718-26-7
Band 2: ISBN 978-3-925718-27-4

Zeitfracht Medien GmbH
Ferdinand-Jühlke-Straße 7
99095 Erfurt, Deutschland
produktsicherheit@kolibri360.de